AF321329

JE NE VEUX

NI DE LA MOITIÉ·

NI DU QUART,

OU

DÉMONSTRATION MATHÉMATIQUE,

Qu'il est de l'intérêt public, qu'aucune fraction considérable quelleconque de la Convention nationale ne reste à son poste, pour recomposer avec des députés nouvellement élus, le nouveau corps législatif.

Par le citoyen SAINT-AUBIN, Professeur de commerce, de Mathématiques et de Langues Étrangères, à Paris, rue Neuve-Eustache, n°. 40.

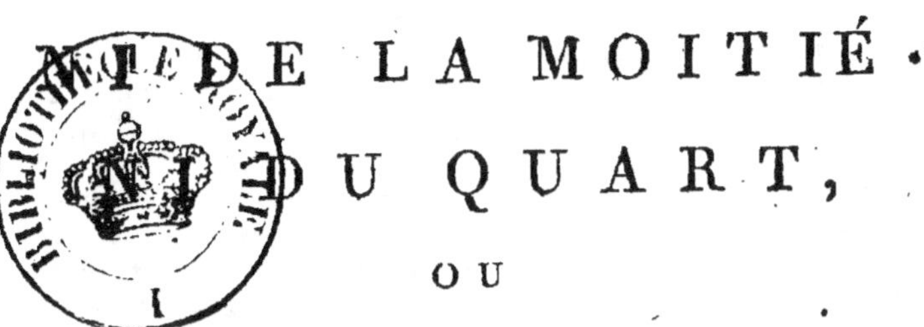

Avant d'en venir à mes argumens, qui ne seront ni nombreux ni longs, je demande la permission de faire la profession de foi que voici :

1°. Je crois fermement que le projet de constitution, proposé par la commission des Onze, décrété, avec quelque modifications, par la Convention nationale, est le meilleur de tous ceux qui ont été présentés au public dans ces derniers tems, et que j'ai eu occasion de lire et de méditer.

2°. Je crois également, mais je n'oserois l'assurer sans être appuyé par l'expérience, que cette nouvelle constitution fera le bonheur de la nation française qui l'acceptera.

3°. Je crois encore, et avec quelque connoissance de cause, que la majorité de la Convention actuelle est pure, et qu'elle veut sincèrement le bien de la république.

D'après cette profession de foi, que je fais d'abondance de cœur, et sans songer aucunement au comité de sûreté générale qui, avec toute sa toute-puissance, ne me fera jamais

A

taire ce que je pense, et encore bien moins dire ce que je ne pense point, je demande qu'on m'accorde l'axiôme suivant, sans lequel tous mes argumens tombent à plat.

Quelque supérieur que paroisse un plan de constitution quelconque, quelqu'agréable qu'il soit aux citoyens à qui on le propose; quelque forte et prononcée que soit l'opinion publique en sa faveur: il n'y a toujours que dieu seul qui puisse dire en vertu de sa prescience, (car l'omniscience ne feroit rien ici) si elle aura pour soi la sanction de l'expérience. C'est elle seule qui peut découvrir les vices radicaux qu'une constitution peut renfermer, vices qui échappent souvent à la sagacité et à la pénétration des hommes les plus éclairés et les plus instruits. C'est l'expérience seule non d'une, mais de plusieurs années, qui fera voir, si la nouvelle constitution nous procurera le bonheur que nous nous en promettons; car toutes les fois qu'une constitution ne rend pas heureux ceux pour qui elle est faite, elle ne vaut rien, dût-elle avoir en théorie l'assentiment de tous les sages de l'univers.

Personne, j'espère, ne me contestera donc, qu'il est dans l'ordre des choses possibles, que la nouvelle constitution, se trouvant par la suite en contradiction avec l'expérience, soit reconnue vicieuse et mauvaise.

Cela posé, tous mes argumens, en faveur de mon assertion, se réduisent à la disjonctive suivante :

Ou bien, 1°. l'expérience fera voir que la nouvelle constitution est mauvaise, et qu'il faut la réformer; et si dans ce cas la moitié ou toute autre fraction considérable de la Convention nationale se trouve faire partie du corps législatif, je soutiens que cela seul suffit pour nous empêcher d'arriver jamais à cette réforme, quelque nécessaire qu'elle soit.

Ou bien, 2°. l'expérience justifiera notre attente, la nouvelle constitution sera reconnue bonne, parce qu'elle aura rendu heureux le peuple français pour qui elle a été faite; et dans ce cas je soutiens, que si une portion considérable de la Convention nationale reste ou rentre dans le corps législatif, nous ne pourrons jamais conserver cette constitution intacte.

Pour prouver la première partie de ma disjonctive, je me servirai de l'argument favori même de mes adversaires, ou de ceux qui veulent que la moitié de la Convention nationale reste; et je ne ferai que rétorquer contre eux le fait incontestable sur lequel il est fondé.

La plus grande faute, disent-ils, que l'assemblée constituante ait commise, c'est d'avoir remis le soin de mettre en activité la constitution de 91, son propre ouvrage, à une nouvelle assemblée législative, qui, loin d'avoir le moindre intérêt à conserver cette constitution intacte, arrivoit avec le penchant très-décidé d'innover et de détruire, ne fut-ce que pour imiter l'exemple de leurs prédécesseurs. D'après cette observation parfaitement juste, je suis intimement persuadé, que si le quart seulement des membres de la constituante, et sur-tout les députés les plus marquans, tels que Chapelier, Barnave, Thouret, etc. etc. étoient rentrés dans la législature, nous aurions encore aujourd'hui un roi avec une liste civile de 25 millions ; un clergé constitutionnel et salarié par le trésor public ; des princes françois, en un mot, une monarchie constitutionnelle, et point de république. Ceux qui feroient semblant de douter de ce fait, sont priés de lire dans les journaux de cette époque, les détails de la première séance de cette même législature ; ils verront combien peu l'opinion publique à Paris, qui alors faisoit la loi à celle de presque tous les départemens, étoit en faveur d'une innovation quelleconque, puisque le corps législatif, dont la plupart des membres penchoient déjà secrettement pour la république, fut forcé par le cri non équivoque de cette même opinion publique, de rapporter le décret qui ôtoit au roi, non pas une partie de son autorité, mais un misérable fauteuil.

Il est donc évident que le vœu presqu'unanime et fortement prononcé que la nation françoise a manifesté pour la république, depuis que dans la journée de 10 aout elle a renversé avec le trône cette constitution monstrueuse qui le soutenoit, il est évident, dis-je, que ce vœu tout prononcé et général qu'il l'est, seroit resté *in petto*, peut-être encore un siècle, si la permanence d'une partie de l'assemblée constituante lui avoit permis de consolider son ouvrage difforme, et qui d'ailleurs avoit le vice radical de n'avoir pas été présenté à l'acceptation des assemblées primaires. Or, si cette permanence auroit pu forcer les nombreux partisans de la république, à vivre sous le joug d'une monarchie, comment ne pas prévoir avec bien plus de certitude encore, que si la moitié de la Convention nationale reste en permanence, pour consolider la nouvelle constitution *républicaine, acceptée librement par la nation réunie en assemblées primaires*, aucun vice, quelqu'évident, quelque radical qu'il soit démontré par l'expérience, ne pourra, d'ici à long-tems, nous en faire espérer la réforme ? L'expérience journalière ne prouve-t-elle pas, que le père le plus tendre n'est pas plus attaché à ses enfans, qu'un auteur en général ne l'est à ses ouvrages ? Or, c'est bien pis, quand il sagit d'un corps de 3 à 400 législateurs, auteurs de la constitution du plus grand empire de l'Europe, accoutumés depuis trois ans, à jouir de toute la plénitude de l'autorité souveraine, que donne la réunion de tous les pouvoirs dans les mêmes mains, des législateurs, tous unis d'intérêts pour mettre en activité et pour consolider cette même constitution, au maintien de laquelle ils croiront que sont attachés leur honneur, leur réputation et leur gloire. Envain objectera-t-on, ce que je crois moi-même, que la majorité de la Convention actuelle est trop pure, qu'elle aime trop sincèrement le bien de sa patrie, pour être susceptible d'une pareille foiblesse. Je réponds qu'ils sont tous hommes, et que pour ne pas avoir la foiblesse dont il s'agit, il faudroit être plus qu'homme ; car cette foiblesse est inhérente à notre nature.

J'ai dit qu'on doit prévoir cet événement *avec plus de certitude*, de la part de la Convention nationale, qu'on ne pouvoit l'attendre de l'assemblée constituante, si une partie eut resté en permanence ; et en voici la raison. Lorsque cette dernière quitta son poste, pour faire place à la législature, elle étoit bien loin d'avoir pour elle l'opinion publique au même dégré que l'a aujourd'hui la Convention nationale, et de jouir de la même considération dont jouit celle-ci. La constituante étoit également détestée, et des partisans de l'ancien régime, qui alors étoient encore assez nombreux, et de la presque totalité des sociétés populaires, dominées ou influencées par les partisans déclarés ou secrets du gouvernement républicain, auquel alors les 5 sixièmes de la nation songoient à peine. La grande majorité de la nation, parmi laquelle il faut ranger presque tous les propriétaires, quoique fortement attachés à la constitution de 1791, ne l'étoient en aucune manière à l'assemblée constituante qui l'avoit créée. Tout le monde, en général, étoit las, mais très-las de cette constituante, et rien ne le prouve mieux que l'espèce d'enthousiasme avec lequel fut reçue la déclaration presque extorquée que firent ses membres, de ne plus vouloir même être réélus. Ceux des députés qui osèrent manifester une velléité contraire, purent à peine se faire entendre, et descendirent de la tribune au milieu des huées et murmures du public. Or, si malgré cette défaveur générale, on convient que la permanence partielle de l'assemblée constituante eût consolidé pour plus ou moins de tems une *monarchie* constitutionnelle, comment ne pas être convaincu d'avance, que la même permanence de la part de la Convention nationale, qui dans ce moment jouit, dans l'opinion publique, de tout le respect et de toute l'estime que lui ont conciliés et sa conduite et nos succès, éterniseroit une constitution *républicaine*, quelque vicieuse qu'elle fût, surtout si l'on considère la répugnance et le dégoût que la grande majorité de la nation aura long-tems, pour toute innovation quelleconque qui paroîtroit la menacer d'une nouvelle anarchie révolutionnaire, aversion qu'on étoit bien loin de partager à l'époque où la législature remplaça la constituante.

Et qu'on ne m'objecte pas, que ce ne sera jamais l'affaire que d'une année, parce qu'alors cette même moitié sortira pour faire place à de nouveaux représentans! L'influence qu'elle aura exercée pendant la première année, se sera nécessairement communiquée à l'autre moitié restante, et les hommes en général tenant beaucoup à ce qui est, comme dit Rœderer, je ne désespérerois pas de voir s'écouler un siècle entier, pendant lequel les opinions de la première moitié se communiquant à la seconde, de-là à la troisième, et ainsi de suite, nous conserverions toujours la nouvelle constitution, quels que fussent ses vices.

Pour démontrer *la seconde partie de ma disjonctive*, je partirai d'une autre vérité également reconnue par mes adversaires, et que je n'ai encore vue contestée par qui que ce soit : c'est qu'une autre faute essentielle de l'assemblée constituante a été d'avoir choisi pour chef de la nouvelle monarchie constitutionnelle, un roi de la même dinastie, qui, depuis tant de siècles, étoit accoutumée à jouir d'un pouvoir illimité, et d'une autorité sans bornes. Il étoit évident, disent tous les gens éclairés, que le chef de cette nouvelle monarchie, à moins d'être doué d'une vertu plus qu'humaine, devoit chercher à renverser un édifice construit en partie malgré lui, et qui, comparé à son ancien logement, devoit le gêner de toutes manières.

Or, ce qu'étoit Louis XVI avant la révolution, la Convention nationale en masse, et même la plupart de ses membres pris isolément, c'est-à-dire, tous les représentans envoyés dans les départemens ou auprès des armées avec des pouvoirs illimités, ainsi que tous les membres marquans des comités de gouvernement, l'ont été pendant près de trois ans, quoique sous un nom différent. On aura beau crier ici au blasphême, de ce que j'ose comparer le pouvoir despotique d'un roi, avec celui de la Convention nationale, et même de ses membres en particulier : que m'importent les cris, si j'ai la vérité pour moi? Pour prouver qu'elle est de mon côté, je prie chaque membre de la Convention nationale, reconnu pour être ami de la vérité et homme de bonne foi, qui, soit comme député en mission, soit comme membre d'un des comités de gouvernement, a été à même d'exercer cette tyrannie dont Rabaud-Étienne étoit las de porter rien que sa part seulement, je le prie, dis-je, de mettre la main sur sa conscience, et de me dire franchement si, dans son poste, il n'a pas réuni et souvent exercé des pouvoirs plus illimités, plus effrayans mille fois, que ceux de nos derniers rois dans toute la plénitude de leur puissance? Beaucoup de députés n'en ont pas abusé : honneur et gloire à ces citoyens vertueux qui peuvent faire cet aveu en leur âme et conscience!

Mais l'histoire, plus fidelle que toutes les pétitions et adresses, dit également que Louis XII et Henri IV, n'ont pas abusé des pouvoirs qu'ils avoient; les réunissoient-ils moins ? Ces pouvoirs étoient-ils moins despotiques et tyranniques par leur nature ? Ceux qui les réunissoient, en étoient-ils moins despotes, de ce qu'ils n'en abusoient pas ? Ces membres indignes de la Convention nationale, qu'elle même ou des jugemens solennels ont expulsés de son sein, ces exécrables tyrans auxquels on ne peut songer sans frémir, mais dont l'histoire gravera avec son burin ineffaçable, les épouvantables forfaits; ces monstres, dis-je, ne nous ont-ils pas donné un exemple effrayant de la tyrannie que ces mêmes pouvoirs permettoient d'exercer ? Y a-t-il un jacobin assez impudent, pour oser soutenir que Louis XV ou XVI eussent osé commettre la dixième partie des horreurs qu'on commises sous nos yeux les chefs et partisans de la tyrannie décemvirale ? Prenons le premier à l'époque où l'enthousiasme de ses sujets, lui donna le nom de bien-aimé qu'il mérita si peu par la suite; où la populace, toujours prête à ramper devant l'idole du jour, alla jusqu'à baiser les bottes du courier qui apporta la nouvelle de sa convalescence. Prenons le second également à l'époque la plus brillante de son règne, lorsqu'après la guerre avec l'Angleterre et le compte rendu de M. Necker, il joignoit à une autorité sans bornes une part non médiocre dans l'opinion publique, que lui avoient conciliée et la paix glorieuse qui venoit d'assurer l'indépendance à l'Amérique, et l'idée des ressources incalculables que promettoient le génie, l'économie et la probité de ce ministre. Que l'un ou l'autre de ces rois, profitant d'une de ces époques si favorables à l'exercice du despotisme, eût osé faire noyer dans des bâteaux à soupapes, des vieillards, des femmes et des enfans, et ordonner des mariages républicains à la Carrier; qu'il eût osé faire râser et démolir le tiers de la ville la plus florissante de la France, en faisant mitrailler et sabrer ses habitans par centaines; qu'il eût osé *proposer* seulement de centupler les bastilles, pour y mettre tous ceux que ses gouverneurs ou intendans jugeroient suspects; son trône eût-il survécu seulement 24 heures à de pareilles tentatives ? Ne l'auroit-on pas sur-le-champ fait enfermer comme fou ou maniaque ? Le 10 août de 1792, ne seroit-il pas arrivé peut-être 20 ou 50 ans plutôt ? Qu'importe à un homme qui a du sens commun, qu'il soit sous la férule d'un despote entouré d'une garde a pied et à cheval, et décoré de cordons bleus, rouges et verds, avec des crachats qui éblouissent les yeux d'une populace stupide, ou qu'il risque journellement d'être incarcéré et envoyé à l'échafaud sans procès, par un pro-consul tel que Joseph-le-Bon, ayant pour toute garde son ami le bourreau, et ses agens les membres du tribunal révolutionnaire, pour diadéme un bonnet rouge et pour costume une chenille rase, avec des cheveux plats et gras?

Il est donc aussi démontré que notoire, que la Convention nationale en masse, et la très-grande majorité de ses membres en particulier, ont réuni non seulement tous les pouvoirs, mais les pouvoirs les plus illimités, les plus effrayans dans leur espéce, et que si beaucoup de représentans n'en ont pas abusé, il faut l'attribuer à leur modération, et à un amour inné de l'humanité et de la justice, qualités particulières à l'individu, qui n'ont rien de commun avec la chose même, et sans lesquelles il eût dépendu de chacun d'eux, d'être aussi tyrans que les Collot, Carrier, Joseph-le-Bon et autres monstres, dont malheureusement, et pour la honte de l'humanité, le nombre n'a été que trop grand. Mais veut-on se convaincre jusqu'à l'évidence de toute l'étendue de ces pouvoirs rédoutables? Qu'on lise dans le moniteur, ou même dans les bulletins de la Convention nationale, plusieurs loix et décrets de la Convention même, une foule d'arrétés des comités de gouvernement, la plûpart de ceux des représentans en mission, rendus avant le 9 thermidor, qu'on les lise, s'il se peut, de sang froid, et qu'on me dise après, si la postérité, en jettant les yeux sur une centaine de ces productions monstrueuses, sanctionnées alors par les applaudissemens des tribunes, aussi féroces que les auteurs, et par les humbles adresses des sections et des départemens, réduits à l'esclavage le plus abject, si cette postérité, dis-je, ne croira pas que la nation entière étoit en délire, ou prenoit alors les bains froids pour s'en guérir!

Or, comment espérer, comment soupçonner même, que des hommes revétus de tous ces pouvoirs, et jouissant encore dans le moment actuel d'une partie de l'influence que cette jouissance leur a donnée, renonceront tout-à-coup à cette espéce de souveraineté, et se contenteront tout bonnement, les uns dans le corps législatif, à proposer des loix auxquelles ils ne concourront individuellement que pour la cinq centième partie, sans être assurés encore qu'elles ne soient rejettées par le corps des anciens, et les autres, faisant partie de ce dernier corps, à dire oui ou non, pour sanctionner ou rejetter les loix proposées, sanction ou refus dont il ne leur appartiendra encore individuellement que la 250eme partie? Car c'est là, selon moi, le chef-d'œuvre du plan de cette nouvelle constitution, *quant à la partie qui regarde le pouvoir législatif*, qu'elle ôte aux individus presque tout espoir de dominer, à moins que plusieurs réunis d'intérêt n'entrent dans la législature à la fois et en masse, comme ce seroit le cas si la moitié de la Convention nationale persistoit à rester à son poste.

A 4

On m'objectera encore ici la pureté des intentions de la
grande majorité de la Convention actuelle, et l'attachement présumable de ses membres pour la nouvelle constitution, qu'ils regarderont comme leur ouvrage. Quant à la
première, je réponds encore une fois que tous sont hommes,
et que s'il est physiquement possible, (car moralement, je
ne le crois pas,) que 350 hommes à la fois fassent exception
à la règle générale, et contredisent l'expérience de tous
les siècles, en sacrifiant leurs passions et leurs habitudes les
plus chères, lors même qu'en s'y livrant ils croiront servir
la chose publique (1), ce seroit le comble de la démence,
de courir d'aussi grands risques, dans l'espoir d'un miracle,
dont on ne trouve pas même d'exemple dans les deux tes-
tamens qui composent la bible. Il y a plus : ce sont précisément les députés les plus probes, ceux qui jouissent le plus
de l'estime et de la confiance publique, que je redoute
davantage. Je ne crains certainement pas qu'ils deviennent
des tyrans de fait ; mais je crains qu'ils ne cherchent toujours, même dans de bonnes intentions, à usurper un pouvoir dont leurs successeurs abuseroient. Pour prouver que j'ai
raison, je demanderai à ces mêmes députés, vraiment républicains et zélés patriotes, quel seroit le roi qu'ils auroient
placé sur le trône en 1791, où l'opinion n'étoit pas encore
assez avancée, pour oser se déclarer en faveur du gouvernement républicain, si le foible Louis XVI n'eût pas existé,
et qu'ils eussent été forcés de choisir parmi ses prédécesseurs ?
Y auroient-ils placé un Louis XII, un Henri IV ? Non certainement ; c'eut été vouloir éterniser le despotisme. Ils y
auroient plutôt mis un Charles IX, un Louis XI, dont la
tyrannie et les excès, s'ils avoient osé s'y livrer, auroient
bientôt soulevé la nation, et amené un 10 août peut-être
15 jours après leur installation sur le trône. Moi, de même,
si forcé de réadmettre une portion quelleconque de la
Convention nationale dans la nouvelle législature, je voulois
empêcher toute tentative de la part de ses anciens membres,
pour usurper une autorité ou des pouvoirs illégitimes, je
ne garderois bien d'y nommer Boissy-d'Anglas, Tallien,
Legendre, Henry la Rivière, ou quelqu'autre député de
cette trempe ; ce seroient un Collot, un Billaud, un Fierrey
que j'y laisserois : la réputation seule dont ils jouissent, les
empêcheroit d'être en aucune manière à craindre.

Quant à l'attachement présumable des membres de la
Convention nationale, pour la nouvelle constitution comme
étant leur ouvrage, je l'ai supposé moi-même porté à l'excès

------

(1) Car on peut être despote tout en faisant le bien, et les bons tyrans
ne sont pas moins à craindre que les mauvais.

dans la première partie de ma disjonctive ; mais c'est dans le cas seulement, où l'opposition, soit de l'autre moitié du corps législatif, soit de l'opinion publique, en aura fait une affaire d'honneur qu'on voudra soutenir avec entêtement et opiniâtreté. Ces sentimens dégénérant en véritable esprit de corps, produiront une passion générale, qui absorbera à la vérité toutes ces petites ambitions particulières, que je redoute tant dans la deuxième partie de ma disjonctive, mais qui s'opposera en même-tems à toute réforme, quelque nécessaire qu'elle soit. Dans tout autre cas cet attachement cédera bientôt au désir de dominer, désir qui, depuis Adam jusqu'à nos jours, est tellement naturel aux hommes, qu'il n'y a guères que ceux que l'imbécillité ou la poltronnerie empêchent d'y songer, qui n'en ayant une plus ou moins forte dose. Vous ne peignez pas là les hommes en beau, me dira-t-on : je réponds avec l'auteur de Gil-Blas : Que diable voulez – vous que j'y fasse ? Je les peins tels qu'ils sont.

En relisant avec attention le dernier *alinéa*, on y trouvera la solution d'une objection qu'on pourroit me faire, sur la contradiction apparente que présentent les deux parties de ma disjonctive. Si la moitié restante de la Convention nationale, dira-t-on, est sincèrement attachée à la nouvelle constitution, il n'est pas à craindre qu'elle cherche a y introduire des innovations dangereuses, et alors la seconde partie de votre disjonctive tombe d'elle-même ; si, au contraire, elle n'y est pas attachée, comme vous le supposez dans cette seconde partie, alors ce que vous supposez dans la première partie, ne peut avoir lieu, parce qu'il n'est pas croyable qu'on s'oppose à la réforme désirée et nécessaire d'une constitution a laquelle on ne tient pas.

C'est que, comme je l'ai dit, cet attachement opiniâtre à la nouvelle constitution n'aura précisément lieu que dans le premier cas où il ne faudroit pas qu'il existât, c'est-à-dire, lorsque l'opinion publique prononcée contre cet ouvrage, aura réveillé chez la majorité des anciens députés cet amour-propre qu'on attache à ses productions, et qui ne devient passion, que lorsque l'opposition l'irrite, et fait naître une espèce de point d'honneur à défendre de toute attaque, ce qu'on croit que la jalousie seule puisse trouver mauvais.

Dans le second cas, au contraire, où l'opinion publique déclarée en faveur de la nouvelle constitution approuvée par l'expérience, rendroit cet attachement nécessaire, il ne sera que très-foible, n'ayant aucune opposition pour l'animer et le soutenir. Il cédera donc facilement à l'ambition sourde, lorsque celle-ci aura été réveillée, et par l'idée des pouvoirs dont on a joui, et par le regret de ne plus en jouir encore. J'observerai même à cette occasion ce qu'a prouvé

l'expérience de tous les tems, savoir, que ceux qui possèdent
ou croient posséder légalement des pouvoirs, quelque tyranniques ou despotiques qu'ils soient par leur nature, n'ont
pas à beaucoup près la même tentation de les exercer ou
même d'en abuser, que ceux qui ne les possèdent pas, ou,
ce qui est pis, ceux qui, après en avoir joui, les ont perdus
en totalité ou en partie. Voilà pourquoi plusieurs de nos
anciens rois qui croyoient tenir de dieu tous ces pouvoirs-là,
en ont usé avec plus de modération qu'on ne pouvoit en
attendre; de même que la Convention nationale n'a pas
eu autant de velléité d'abuser des pouvoirs illimités, que le
peuple réuni en assemblées primaires après le 10 août,
jugea nécessaire de lui confier vû les circonstances, qu'elle
en auroit eu, si ces pouvoirs avoient été limités, ou
usurpés par des voies illégales. Il en est de même de plusieurs
représentans en mission dans les départemens, qui peut-être
se seroient montrés moins justes et moins humains, s'ils ne
s'étoient pas regardés comme de véritables souverains dans
leur arrondissement. C'est le fruit défendu qui par fois tente
les hommes comme il tenta Ève.

Bien des gens regarderont comme chimériques les craintes
que je viens d'exposer; ils traiteront tous ces raisonnemens
de subtilités et de sophismes. Moi qui crois qu'ils sont fondés
sur l'histoire du cœur humain, je désire sincèrement, pour
l'honneur de ce dernier, que l'expérience leur donne raison,
en prouvant que je me suis trompé. Malheureusement les
leçons qu'on attend de l'expérience future, sont toujours
très-chères. C'est donc aux citoyens non prévenus, éclairés et probes à la fois, attachés sincèrement à la liberté et
à leur patrie, à empêcher qu'on ne soit obligé d'en courir les
risques. C'est à eux à éclairer l'opinion publique sur un
objet aussi important; c'est à leur jugement que je soumets
ces réflexions, auxquelles j'attache si peu d'amour-propre,
que je promets d'avance une rétractation solennelle, si l'on
me réfute par des raisons solides.

Je n'ai point voulu répéter ici une foule de raisons plus ou
moins fortes qu'on a alléguées contre cette permanence fractionnaire de la Convention nationale : on les trouve presque
toutes rassemblées dans différens morceaux du citoyen la
Cretelle, insérés dans les nouvelles historiques et politiques,
papier qui malheureusement n'est pas aussi répandu qu'il
mériteroit de l'être. Il y en a une sur-tout qui m'a frappé.
C'est le danger qu'il y a de faire rentrer dans le corps
législatif, au moment où il s'agit de consolider la révolution,
ceux qui l'ont faite, et dont les têtes bouillonnent encore
trop, pour qu'on en puisse espérer cet à-plomb, et ce sang-
froid si nécessaires dans les circonstances actuelles.

Je n'ai point parlé non plus du mode qu'on pourra adopter

pour opérer cette permanence par moitié, parce qu'un mode raisonnable et juste pour y parvenir, me paroît aussi difficile à trouver, que la quadrature du cercle ou la pierre philosophale. J'attends avec impatience le projet de la commission sur ce mode, à moins qu'on n'ait renoncé au fond même du projet, ce qui rendroit inutile cet écrit que j'ai toujours hasardé, parce que je crois la matière trop importante pour ne pas la traiter, même avec le risque de faire un ouvrage superflu.

Si au reste la Convention nationale persiste dans cette idée de permanence fractionnaire, il s'entend de soi-même qu'elle ne peut la décréter de son chef; je ne fais pas même l'injure à la commission de croire qu'elle ose lui proposer cet acte de despotisme le plus illégal et le plus arbitraire dont l'histoire des peuples libres puisse fournir l'exemple. La Convention nationale ne peut que *proposer* ce parti aux assemblées primaires ; encore faut-il que la proposition en soit faite isolément, de manière que sa décision n'ait rien de commun avec l'acceptation de la constitution, qu'on pourroit leur proposer en même-tems. Car si l'on faisoit de cette proposition une espèce d'article additionnel qui, ajouté à la constitution même, forceroit les citoyens de prononcer sur le tout *in globo*, il est aisé de démontrer, que ce seroit un *vil tour de passe-passe*, indigne de la majesté des représentans d'un grand peuple. Ce seroit forcer directement les assemblées primaires, *c'est-à-dire*, *le souverain*, à opter entre n'avoir pas encore de constitution d'ici à long-tems en rejettant celle qu'on leur présentera, ou à prendre *malgré elles* 350 et tant de représentans que cette même constitution renfermeroit comme un appendix. Or, comme le désir et le besoin que le peuple a d'une constitution qui envoie au diable tous les régimes provisoires, sont si violens qu'ils le feroient passer par-dessus tout, pour en jouir le plus promptement possible, il est encore aisé de voir, que les assemblées primaires, plutot que de se passer d'une constitution, l'accepteront malgré l'appendix. Mais on voit aussi que ce seroit forcé indirectement *le souverain* à prendre la moitié de ses nouveaux mandataires tels qu'on les lui présenteroit, qu'ils *lui* conviennent ou non. Il faut donc que les deux questions soient proposées à-peu-près de la manière suivante :

Voulez-vous de la Constitution que nous vous présentons, oui, ou non ?

Dans le cas où vous l'accepteriez, voulez-vous, que pour mettre cette même constitution en activité, la moitié de la Convention nationale *(choisie d'après tel ou tel mode)* reste à son poste et fasse partie intégrante de la nouvelle législature ; à laquelle vous ne nommerez que la moitié des députés ordinairement requis ; oui ou non ?

Enfin, de même que la Convention nationale ne peut, de son chef, et sans la sanction du souverain, décréter que tous ou une partie de ses membres rentreront dans le corps législatif; elle ne peut non plus, sans la sanction du même souverain, les exclure en totalité ou en partie du droit d'être réélus, s'ils ont les qualités que la nouvelle constitution exige. Le choix illimité du souverain à cet égard ne peut être borné que par une loi constitutionnelle qu'il aura lui-même auparavant acceptée; toute autre exclusion prononcée par ses mandataires est *ipso facto* nulle et illégale. L'exemple de la constituante ne prouve rien; ce fut de sa part un acte de despotisme très-irréfléchi qu'il seroit au moins très-imprudent d'imiter. Envain coloreroit-on cette irrégularité sous le nom d'une renonciation ou abdication volontaire et généreuse. Chaque député en particulier est maître de refuser si on le nomme, parce qu'il seroit même contre l'intérêt public, de forcer un citoyen à se charger d'une fonction pour laquelle il auroit de l'aversion, ou qu'il ne se croiroit pas propre de remplir. Mais la majorité ne peut pas, dans un moment d'enthousiasme, dont elle-même est souvent la dupe, forcer ses collègues qui ne le partagent pas, de renoncer malgré eux à un droit aussi sacré et important, que celui de pouvoir être élu représentans du souverain.

Tous les députés actuels peuvent donc être réélus. Mais dans ce cas, dira-t-on, que devient encore votre disjonctive, puisqu'il est possible que non-seulement la moitié, mais la presque totalité de la Convention rentre par cette réélection dans le corps législatif ?

Je pourrois d'abord répondre, qu'il y a une très-grande différence entre une moitié de la Convention, *choisie par elle-même*, et rentrant en masse dans la nouvelle législature, et la même quantité de députés nommés isolément un à un et se trouvant réunis, sans aucun concert ni mesure préalable. Mais le fait est que cette rentrée dans le corps légis-latif, de la moitié seulement des membres de la Convention nationale, par la voie de la réélection, quoique physiquement possible, n'est rien moins que probable, et qu'on ne doit jamais calculer sur des événemens purement possibles. Pour peu qu'on connoisse la versatilité des hommes en géné-ral, et l'esprit actuel des départemens qui ne sont aucunement disposés à laisser comme autrefois ces nominations à-peu-près au hasard, on sera convaincu d'avance que la réélec-tion ne tombera guères que sur les députés *connus* par leurs talens, leur probité, leur courage et leurs lumières. Or, le nombre de ces députés est et sera dans toutes les assem-blées du monde, toujours très-petit, parce qu'il ne suffit pas de posséder ces qualités rares, seroit-ce même dans un dégré éminent; il faut encore que le public sache que c'est tel individu qui les réunit. Des députés d'un mérite distingué, qui n'auront fait valoir leurs talens que dans le silence des comités et des bureaux, n'auront jamais les suffrages des assemblées électorales qui ne connoissent que ceux qui ont parlé à la tribune, ou agi avec courage dans les époques décisives de la révolution. Tout le reste sera regardé comme *nul*, et quoique ce soit une injustice à l'égard de plusieurs députés, on ne sauroit s'en plaindre, parce qu'elle est dans l'ordre naturel des choses. Cela n'empêche pas que si l'élection prochaine avoit eu lieu, il y a deux ou trois ans, on n'eût pu en renommer un grand nombre, malgré leur nullité réelle ou apparente : mais les électeurs d'aujourd'hui qui, grâces à la nouvelle constitution, ne seront pas tirés comme jadis, exclusivement de la sans-culotterie, ces citoyens, dis-je, à qui leur éducation aura permis d'avoir plus de connoissances et de lumières ; corrigés par les leçons d'une cruelle et longue expérience, se garderont bien de confier le pouvoir législatif à ces êtres nuls, qui, par leur nullité et leur peu d'énergie, ont été *malgré eux* les plus fermes soutiens du régime de Robespierre. Non – seulement les électeurs ne renommeront pas les députés dont les talens et le courage ne seront point connus ; mais même parmi les nouveaux aspirans qui pourront se trouver dans le sein des assemblées électorales ; ils distingueront avec soin ces individus qui malgré leur nullité, oseroient prétendre à des fonctions aussi augustes et importantes, que celles de donner des loix à un peuple de 25 millions d'ames. Dès qu'ils verront un être de cette espèce, il diront : *hic niger est, hunc tu Romane caveto.*

Enfin, au peu de probabilité qu'il y a, que beauconp de membres de la Convention nationale rentrent par la réélection dans la nouvelle législature, il faut encore ajouter la très-grande probabilité, que plusieurs de ceux mêmes qui auront été réélus, refuseront d'accepter, parce que trois années de fatigues, de veilles et d'inquiétudes les ont mis hors d'état de continuer des fonctions qui demandent toutes les facultés réunis d'un homme dans toute la force de la santé et de l'âge.

Cet écrit étoit déjà imprimé lorsque le décret de la Convention nationale a paru, qui conserve dans la législature les deux tiers de ses membres.

Comme je croyois d'abord que ce décret étoit impératif, je regardois cet ouvrage comme inutile. J'ai vû depuis qu'il étoit soumis à la sanction des assemblées primaires. J'émets donc mon opinion avec la confiance que doit avoir tout bon citoyen, tout homme de bien, que même ses erreurs seront traitées avec indulgence, lorsque la lecture réfléchie de son écrit persuadera que ses intentions sont pures.

Le discours de Tallien, l'adresse même de la Convention nationale à ce sujet, n'ont fait que m'affermir dans mon opinion. Car enfin, sur quoi sont fondés tous les argumens qu'ils contiennent? Sur ce que le salut de la patrie, et les intérêts du peuple exigent impérieusement cette mesure. Mais c'est mettre en fait ce qui est en question. Si je nie cette assertion, si je soutiens, au contraire, comme je l'ai développé dans cette brochure, que ces deux grands intérêts ne peuvent se concilier qu'avec des mesures diamétralement opposées, et sur-tout avec celle de laisser au souverain la latitude la plus illimitée possible, dans le choix de ses représentans, que pourra-t-on m'opposer? Les principes? Ils sont évidemment pour moi. L'expérience? Elle n'est pas encore faite. Il faudra toujours en revenir à ce grand et éternel cheval de bataille, au salut de la patrie, et aux intérêts du peuple. Mais avec ces grands mots de *salut de la patrie*, etc. etc. on nous a donné dans le tems le tribunal révolutionnaire, les comités révolutionnaires, le gouvernement révolutionnaire, et enfin la loi plus que révolutionnaire du 22 prairial. Qu'on lise les discours des chefs les plus déterminés, des apôtres les plus ardens du gouvernement décemviral, de Saint-Just, Collot, Couthon, Robespierre, etc., etc. on verra qu'à chaque page, ils invoquent le salut de la patrie, les intérêts du peuple, qui selon eux devoient l'emporter sur tous les principes.

Je soutiens moi que le véritable salut de la patrie, les véritables intérêts du peuple, la vraie manière de sauver et de *consolider à jamais* la république, consistent dans l'observation religieuse des principes, et dans la ferme résolution décarter avec horreur tout qui y porte atteinte. Or, Saladin a démontré si victorieusement, que ce décret *même invitatoire* est contre les principes, que je ne conçois pas comment on ne puisse se rendre à l'évidence de ses argumens, à moins d'être né aveugle, sourd et muet, ou, ce qui est pis, à moins d'être dans le cas de ces pécheurs endurcis dont parle l'évangile, qui ont des oreilles pour entendre, et n'entendent pas, des yeux pour voir et ne voient pas, et qui selon moi devroient avoir une langue *et ne parler pas*.

Je persiste donc dans mon opinion et je dis,

1.° Quant à la constitution proposée, qu'elle est excellente, et sur-tout la meilleure que nous puissions désirer d'ici à long-tems; que tous les bons françois doivent l'accepter avec transport, contribuer ensuite de toutes leurs forces à la mettre en activité, en levant tous les obstacles qui pourroient s'opposer à sa marche, et regarder avec indignation et mépris tous les novateurs qui voudroient l'altérer par la suite, sans avoir pour eux l'expérience la plus soutenue et la plus décisive.

2°. Mais quant à la permanence des deux tiers des membres de la Convention nationale, je soutiens qu'il est de l'intérêt public qu'aucune portion considérable de la Convention n'entre *en masse* dans la législature, et que par conséquent les assemblées primaires *composant le souverain*, doivent ordonner aux électeurs de choisir les nouveaux législateurs indistinctement parmi tous les citoyens éligibles.

De l'Imprimerie de POUGIN, rue des Pères, N°. 9.